AF400055

Herstellung und Verlag
BoD – Books on Demand, Norderstedt
ISBN 9783757853945

Bibliografische Information der Deutschen Nationalbibliothek:
Die Deutsche Nationalbibliothek verzeichnet diese Publikation
in der Deutschen Nationalbibliografie;
detaillierte bibliografische Daten sind im Internet über
http://dnb.dnb.de abrufbar

Künstlerische Gesamtgestaltung und Cover
Stefan Reich

Kontakt zum Autor für Vortrags- u. Leseanfragen
hr.reich@web.de

Stefan Reich

MACHWERK

GEDICHTBAND

VON

1984-2020

**Vorwort
von
H. Sevrin
(04.12.1990)**

„Bei uns gibt's Stefan Reich,
dem ist nicht alles gleich,
steht er im rechten Lichte
erzählt er uns Gedichte,
die sind aus Blut + Fleisch.“

Meine Gedichte

Wenn Fremde meine Zeilen lesen,
die irgendwann ich nieder schrieb,
ein Augenblick in meinem Wesen
erleuchtend mich zum Schreiben trieb,
so spüre ich, dass meine Worte,
ein Teil von mir zu Staub vergeht,
für fremde Augen unverständlich,
doch die Erkenntnis kommt zu spät.

Philosophia Glück

Wenn du es fühlst, was anders ist,
dich selbst belauschst und in dir wühlst,
dann findest du dein Paradies,
das Glück, welches du heut' genießt.

So solltest du den Rückblick wagen, um zu erkennen
was sich verändert hat in diesen Tagen,
denn wie im Leben alles ist,
wird alles einmal enden,
so steht's geschrieben, oh wie dumm,
aus meinen eig'nen Händen.

Machwerk

Verbindungen, die keiner kennt,
falls mal der Mechanismus klemmt,
die Zonen, welche unterteilt,
sie kontrolliert die Einsamkeit,
dank planmäßigem Arbeitslauf,
das Menschenrad bewegt sich drauf.

Anbeginn

Von Anbeginn da gilt die Frage,
wann war er da, dies bleibt stets vage,
weil nur das Wort am Anfang steht,
und er als Frage so vergeht.

Der Menschenplanet

Die Ware ist ein Element,
man kann sie kaufen wie ein Hemd,
doch hier auf Erden geht man fremd,
mit jedem Baum, den man abbrennt.

Seit Menschenhirne Pläne schmieden,
haben sie räumlich nichts vermieden,
was egozentrisch sich ausweitet,
der Luft zum Atmen Stress bereitet.

Die Zeit, sie kostet Menschengeld,
zum Konstruieren unserer Welt,
sie wird Millionenmal einstellt,
von einem neuen Schöpfungsheld.

Das Gebet

Ich sehe die Erde mit verbundenen Augen,
die Liebe und Wärme gibt mir meinen Glauben.
Ich danke dem Schöpfer für all seine Gaben,
so gütig er war, er gab mir auch Narben.

Ich höre Geräusche auch ohne Laut,
drum weiß ich, wie man in sich selber vertraut,
wenn manchmal in mir auch etwas versagt,
es ist mein Gewissen, was mich danach plagt.

Ich fühle Gefühle auch ohne zu spüren
und weiß nicht, warum sie mich wohl berühren.
Es ist seine Kraft, die göttlich mich lenkt,
ich danke dem Herr Gott, dass er sie mir schenkt.

Jesus wird geboren

Vom Himmel scheint es heut' herab,
dass Lichtermeer der Engel,
es bringt uns einen guten Stern,
drum preiset Gott den Herrn.

Ein Kind, welches uns ist geboren,
wird unser Heiland sein,
es singt der ganze Engelschor,
sein Leben einzuweihen.

Das Einerlei des Miteinanders

Es gibt verschiedene Sitten,
das wird oftmals bestritten,
man meint, dass manches Temperament,
darunter hat gelitten.

Doch darf man nicht verzagen,
an Märchen oder Sagen,
die schauerlich vor warnen,
welch' Gift man muss ertragen.

Dem Einen ist es Einerlei,
beim anderen hört man einen Schrei,
so unbekannte neue Sätze,
verweist man nicht auf alte Plätze.

Wo Menschlichkeit erwiesen,
beachtet man nicht Riesen,
doch trotzdem ist es halt,
beim Mitmenschen mal kalt.

Dumm - Dumm

Die Augen sind der Ausgangspunkt,
betrachtet man die Sache rund,
ein dummer Mensch kann nicht verhehlen,
dass wo nichts ist – da kann nichts fehlen.

Dumme Schwätzer

Sie wissen nicht, wovon sie reden,
sie reden einfach über jeden,
der anders ist als ihresgleichen,
die Dummheit ist ihr Markenzeichen.

Sie wissen alles über andere,
ob in der Luft oder zu Lande,
und tuen ihre Meinung kund,
zu gerne öffnen sie den Mund.

Sie sprechen über große Themen
und möchten uns die Einsicht nehmen,
dass sie in ganz privaten Dingen,
auch nicht viel mehr im Leben bringen.

Lästermaul

Ein Lästermaul, es redet wild,
doch sein Respekt es selber killt,
denn die Kritik kann auch nur gelten,
wenn's besser ist und das ist selten.

Lügenfreiheit

Bezweifelt man ein schlechtes Spiel,
mit ungewissem Ausgangsziel,
dann wird es einem wohl bewusst,
das Lügen ist des Menschen Lust.

Nicht immer aber dann und wann,
verschweigt man, was man sagen kann,
ob wohl es nicht persönlich bringt,
wenn man den anderen Menschen linkt.

Das Lügen fördert die Moral,
drum windet man sich wie ein Aal,
mit halber Wahrheit geht es auch,
es ist ein alter Menschenbrauch.

Denn wenn du niemals Schwindeln tust,
weil du in Frieden in dir ruhst,
kannst du auch keinen Reichtum haben
und musst bescheiden dich erlaben.

Fleischverzicht

Tiere sind -
vergiss das nie,
ganz egal, ob Rind ob Vieh,
treue Freunde in der Not,
auf dem Teller sind sie tot!

Fleischverzehr -
in allen Arten,
überall auf Speisekarten,
animiert uns mehr zu essen,
ohne unseren Bauch zu messen.

Krankes Fleisch -
ist ungesund,
rosafarbend oder bunt,
denn versteckt und ohne Pause,
lauert es auf uns zu hause.

Verwandte Besucher

Verwandte Gesichter, wohin man nur schaut,
man schlürft seinen Kaffee, der Kuchen verdaut,
wir sitzen zusammen beim Plappern und Reden,
kein Thema bleibt offen, wir kennen halt jeden.

Frühstück

Am Morgen kommt das Frühstück ran,
es macht uns fit vom ersten Rang,
es hilft uns, in den Tag zu starten,
sein Inhalt hilft in allen Arten.

Denn alles, was wir nun verdauen
und hoffentlich ganz gut durchkauen,
wird in dem Magen und dem Darm,
sehr gern aus diesen Grund getan.

Mittagessen

Endlich ist es Pausenzeit,
das Mittagessen ist soweit,
denn alle Münder warten schon,
das Warten ist der beste Lohn.

Der Hunger treibt den Magensaft
und fördert die Verdauungskraft,
wer Mittagessen hat genossen,
dem sind Enzyme zu geflossen.

So ist die Mahlzeit erster Güte,
drum schlechte Qualität verhütet,
sonst ist die Vitaminausbeute
ein Mittagessen, dass bereute.

Abendbrot

Das letzte Mahl von einem Tag,
dass ist vom Inhalt meist nicht stark,
doch wiegt es einen in den Abend,
ist es zu fett, ist es zu plagend.

So ist das Abendbrot ein Ende,
und sein Geschmack spricht meistens Bände,
doch kommt die Nacht und folgt der Morgen,
schafft mancher Rest dann einem Sorgen.

Pasta

Gar tausendfache Pasta,
sie passt durch's Magenraster,
was könnt' es Leck'res geben,
als diese alte Laster.

Es fließen die Tomaten,
die Mäuler müssen warten,
den Tonnen von Spagetti
im Magen sind Paletti.

Und wenn sie sind verschlungen,
der Nachschub wird erzwungen,
es ist niemals ein Wunder,
denn Pasta ist kein Plunder.

Die typische Sitzung

Erstarrte Gesichter
umgeben von Phrasen,
sie blicken ins Leere
und putzen die Nasen.
Kein Schimmer von Wissen
in Mitten der Herrn,
bei Kaffee und Kuchen,
da trifft man sich gern.

Sie sitzen und tagen
und Reden in Sätzen,
die endlos mit Koma,
ergeben nur Fetzen.
Dem Hörer erscheinst
dies alles banal,
doch plötzlich ist Stille,
man trifft sich zur Wahl.

Trinkspruch

Wir trinken auf den Wohl,
ich weiß, dies klingt jetzt hohl,
obwohl ich's anders meine,
verkneif' ich's mir und Reime.

Globale Worte

Die Welt, sie redet ab und zu
und lässt sich dabei keine Ruh',
vom Kriege und vom Untergang,
mit immer neuem Überhang.

Die Macht ist jenes Utensil,
und ist dabei in jedem Spiel,
das Werkzeug, das gemeines tut,
mit Feuer und mit heißer Glut.

Die Waffe ist ein Teufelsbote,
und bringt nur immer neue Tote,
ein Feind ist sachlich nur ein Ding,
der Wert des Blutes ist gering.

Müll

Man sammelt alten Müll,
mit Leidenschaft auch Prüll,
denn wo die Tonnen steh'n,
vermeidet man zu geh'n.

Man ist gewiss nicht kleinlich
und manches mal auch reinlich,
denn Abfall, der ist peinlich,
drum sammelt man ihn heimlich.

Finanzgebaren

Der Wohlstand kann gelinde,
geschraubt in ein Gewinde,
nicht immer während sein,
ist dein Kalkül auch klein.

Heut' bist du groß und mächtig,
zu anderen verächtlich,
doch endlich ist dein Handeln,
dein Geist wird sich verwandeln.

Du traust nicht meinen Worten,
glaubst dümmlich sie zu orten,
denn das ist deine Schwäche,
die ganze Angriffsfläche.

Die einfachen Dinge des Lebens

Es ist Hab und auch kein Gut,
dein Geld allein bringt keinen Freude,
egal an welchem Ort du bist,
die Seele sucht sich ein Gebäude.

Liquidität

Das Ärgernis der Zahler,
man rechnet jeden Taler
und plant sein Honorar,
denn Gelder sind ja rar.

Es ist halt doppelt schwer,
drum hätte man gern mehr,
um Üppigkeit zu protzen,
den Pfennigen zu protzen.

Man greift zu den Krediten,
tut Zahlensummen splitten,
und hofft dies würde reichen,
das Zahlungsziel begleichen.

Denn rechnet man mit Summen
und dann auch noch mit Krummen,
so häufen sich die Zinsen,
die Bank kann fröhlich grinsen.

Guthaben

Es spart so mancher Volksmund an
was Zinsen bringen kann,
erhofft des Geldes Reichtum sich
mit Blütenblättern dran.

Doch trügerisch es scheinen mag,
dass Konto noch da lag,
wo niemand es für möglich hielt,
die Zinsen war'n zu karg.

Das Rechenbeispiel ist nie neu,
es macht den Bürger scheu,
denn sinkt des Kontos Pegelstand
vermehrt sich unsere Reu'.

Geiz-Reich

Es ist des Menschen Reiz,
drum sammelt er mit Geiz,
die vollen Töpfe leert er nicht,
da sonst sein Glück zusammenbricht.

Erhabenes Haben

Manch Ware zeigt uns große Pracht,
und gibt dem schwachen Menschen Macht,
wobei er jeden Überfluss
sein Eigen nennt, sich selbst erkennt.

Ob Unsinn oder Firlefanz,
die Industrie erzeugt den Glanz,
mit welchem sie uns ködern tut,
damit niemals der Umsatz ruht.

Denn so ist nun der Erdenlauf,
deshalb hört keiner damit auf,
so spreche ich gelehrt,
und lebe doch selbst verkehrt.

Das Gesicht

Die Seele ist der Spiegel
in unserem Gesicht,
und sagst du nicht die Wahrheit,
so steht du vor Gericht.
Es zeichnen sich Gewalten
in manchen Tiefen unser Falten,
auch wenn du sie versteckst,
die Haut kann nichts für sich behalten.

Die passende Stellung

Man suchst sich eine Position,
nach Möglichkeit mit hohem Lohn,
doch ist man froh und spottet nicht,
die Arbeitszeit ist kein Gedicht.

Es ist vermessen, sich zu fragen,
mit welcher Last man muss sich tragen,
um monatlich sein Geld zu finden,
der Kopf muss sich im Kreise winden.

Die Überstunden sind verklungen,
wenn man Erfolg hat sich errungen,
denn Ansehen kommt nicht von allein,
mit Fleiß bekommt man einen Schein.

Das Arbeiten

Bedenken stets das Eine,
man hat doch nur zwei Beine,
warum die Arbeit sofort tun,
man kann sich doch auch mal ausruh'n.

Mein Chef, dem fällt das gar nicht schwer,
doch meinerseits ist man nicht fair,
so bald ich mir ein Päuschen suche,
hör' ich von Weitem schon Gefluche.

Chefsache

Der Chef ist immer überall,
doch hört er nicht den Wutanfall,
wie seine Angestellten toben,
wie er sie drückt von ganz weit oben.

Und er kennt auch nicht jenes Maß,
das jugendlich einst er besaß,
als ihm der Chef in seine Hände,
die Arbeit legte ohne Ende.

Wir wissen wohl wo dran es liegt,
dass man als Chef die Machtgier kriegt,
so bald man ander'n kann befehlen,
beginnt der Geist sich zu entseelen.

Im Herzen sind wir alle gleich

Im Herzen sind wir alle gleich,
ob Hirte, Schäfer oder Reich,
ob Mann, ob Frau, ob hart, ob seicht,
die Lebenskraft oft schnell entweicht.

Drum folge nur dem Herzensweg,
sei ehrlich und die Wahrheit leg',
in alles, was dein Leben führt,
Gedanken deiner Art berührt.

Wir alle fühlen es genau,
doch trotzdem ist die Schöpfung schlau,
und spielt mit uns ein Lebensspiel
ums Karma, unser'm Ursprungsziel!

Das Gute und das Böse ist,
Materie die mit einer List,
nur uns verführt und doch beglückt,
weil Schönes uns zu schnell verzückt.

Wir glauben alles, was wir sehen,
egal wohin die Augen gehen
und denken, alles sei verstanden,
was wir dabei auch fanden.

Doch was wir sehen und wir abtasten,
kann uns auch schnell belasten,
drum schließen wir die Augen dann,
und glauben, es kommt nichts mehr an.

Die Waage, die zur Seite neigt,
wo Fülle ist, Gewicht sich zeigt,
scheint schwerer und gar mehr zu sein,
doch Leere ist's, da geht was rein!

Klassenunterschiede

Betrachtet man die Unterschiede,
ob arm ob reich, mal ganz perfide,
so ist die Welt in ihrem Ganzen,
mal auf und ab am Tanzen.

Die Gruppe der gelehrten Herrn,
sie hören ihren Namen gern,
mit Titel und mit Beiwerk schmückend,
bei jeden Anlass Hände drückend.

Das gute Blut in seiner Färbung
liegt nur in der Vererbung,
so schickt es sich in feinen Kreisen,
der Hochmut kann sich preisen.

Doch hat die Welt auch andere Seiten,
die kann ich hier ausbreiten,
so lebt der größte Teil der Erde,
wie eine kranke Herde,
und muss mit Spenden sich begnügen,
der Hunger kann nicht lügen.

Sein, der Wahn des Wählers

Wer der Wahl zum Nutzen tut,
sein Interesse stutzend ruft,
mit gebeugter Stirn sich hebt
unbewusst die Zahlen webt.

Wer der Frage: Was gewählt?!
Mit Betroffenheit sich quält,
sollte lieber das Bedenken,
was mit Lust man kann sich schenken.

Wer sich vor dem ganzen wehrt,
mit Verbitterung sich kehrt,
wird der Antwort nach gefragt.
Warum er denn gar nichts wagt!

Bunker

Die Türen sind dicht,
es schimmert kein Licht.
Ein Statussymbol -
ist innen ganz hohl.
Die Außenwelt -
von der er nichts hält,
scheint ihm zu erpicht,
im Ungleichgewicht.

Das Volk von Lehren

Es gibt so manchen Querulant,
die Schule ist mit ihm verwandt,
bekleidet dort die Oberhand
und spricht: „Ich bin Gelehrter!"

Er ist der Star am Lehrerpult,
mit eigenem Personenkult,.
Der Unterricht, den er betreibt,
beschreibt man gern mit Eitelkeit.

Er wirft mit Noten um sich 'rum,
die Schwachen sind für ihn nur Dumm.
Das Wissen ist sein Glücksprophet,
doch bleibt er geistig, wo er steht.

Die Unschuld in Weiß

Ganz heimlich und in aller Stille,
dem Arzt vertraut man, schluckt die Pille,
die ihm mit wenig Arbeitskraft,
ein Maximum an Geld verschafft.

Der Herr in Weiß verschreibt Arzneien,
und rechnet schon mit Zahlenreihen,
die ihm die Industrie vergütet,
wenn er den Schmerz durch sie verhütet.

Medienstreit

Mit mächtig großen Flügelschlingen,
will man verbreitern, lauthals Infos singen,
gebraucht dabei man großen Clou – wozu?

Wenn Laut man sich hat dann verraten,
im ganzen Land den Mist verbraten,
was bleibt dem Informanten als raten – warten?

Ein Überangebot am Rauschen,
man speichert es, will Daten tauschen,
dann sucht man erstmal unverklemmt – gehemmt.

Doch Spitzenwerte sind bedenklich,
von Menschenhand, sind sie meist endlich,
denn wichtig ist sie müssen reifen – begreifen.

Fernsehaugen

Lesen tust du dunkle Bilder,
in der Flut vorm dunklem Schirm,
doch das Flimmern in dem Zimmer,
schaut aus deinen Augen raus.

Drücken tust du viele Knöpfe,
fließend tropft die Fantasie,
aus den leeren Augenhöhlen
bleibt dir leider nicht sehr viel.

Totale Information

Für jeden und zu jeder Zeit,
die Daten sind transfer bereit,
ob auswärts oder gar im Heim,
der Virus wächst als kleiner Keim.
Totales Wissen überall,
ist nirgendswo ein Einzelfall,
doch trotz der Fülle und der Menge,
zieht sich das Hirn nicht in die Länge.

Symbole

Lass Symbole sprechen,
Worte können Menschen brechen,
mache Zeichen deiner Launen,
so dass Eingeweihte staunen,
und vergesse nicht dabei,
halte dir die Seele frei.

Der Literat und sein Leser

Der Wunsch nach einem guten Buch,
ist manches Schreiber tiefer Fluch,
denn richtet er sich nach dem Käufer,
wird schnell ein Buch zum Eigenläufer.

Doch ob der Inhalt, den er schreibt,
ein Hit ist oder Schwachsinn bleibt,
kann nur der Leser für sich sagen,
weil er berechtigt ist zu klagen.

So hat der Literat die Pflicht,
zu halten was der Titel spricht
und mit den Worten auszukleiden,
das Thema nicht im Buch zu meiden.

Die Lieder

Die Lieder
knie her nieder,
entspringen deiner Wahl
und hörst sie immer wieder,
Musik in deinem Saal.

Die Melodie erwidert,
sich bieder tief im Tal,
sie sticht dich mit dem Gleichen,
dem Rhythmus ihrer Zahl.

Die Quelle eines Buches

Ein Buch ist eine Quelle
rückt man ihm auf die Pelle,
so ändert es den Horizont,
man wird allmählich helle.

Die Anzahl jener Seiten,
tun unseren Geist ausweiten,
so liest sich voller Tatendrang,
der Absatz im Zusammenhang.

Obwohl es manches Schreiben,
nur gibt als Zeitvertreiben,
erfährt sein Inhalt den Respekt,
weil es die Freizeit uns abdeckt.

Gelehrte die viel lesen,
sind menschlich hohe Wesen,
und können mit Berichten,
sich geistig neu beschichten.

Veränderungen

Das Leben tut uns stets verändern,
vom Mittelpunkt bis zu den Rändern,
wird alles sich erneuern lassen,
auch wenn das ein paar Menschen hassen.

Mit ungewissen großen Schritten,
die Zukunft im Gesicht geschnitten,
entsteht ein neuer Lebensstil,
den Qualität ist unser Ziel.

Denn mit der Zeit woll'n wir uns ändern,
in allen Kontinenten, Ländern,
drum müssen wir uns Neuem beugen,
mit Sachverstand Gedanken zeugen.

Alles Glück

Ist alle Glück auf Erden Glück?
So glaube ich, es gibt ein Stück,
für mich, auf dieser Erde hier,
dass ich den Glauben nicht verlier'.

Rauch

Es raucht und qualmt von Nah und Fern,
den grauen Nebel riecht man gern,
die Münder, welche Stengel tragen,
können der Sucht selbst nicht entsagen.

So mancher Schornstein mischt die Luft,
man kennt es von dem Straßenduft,
und bläst den Wind uns um die Ohren,
wir atmen tapfer Qualm aus Rohren.

Man kennt die Wälder, Grünanlagen,
nicht nur aus alten Heldensagen,
doch irgendwann in nächster Zeit,
steht das Finale schon bereit.

Schandtaten

Wer unbeleckt lässt sich berühren,
von anderen zum Schutz verführen,
darf nicht auf milde Strafe hoffen,
gesetzlich ist er auch betroffen.

Die Basis unser Eitelkeit

Ein jeder strebt nach Jugend
bekannt ist diese Tugend,
denn Schönheit ist ein hohes Gut,
aus der Natur in unserem Blut.

Wo künstlerisch mit Farben
man imitiert die Gaben,
die jedem Mensch zu eigen sind,
egal ob alt oder ein Kind.

Drum fingert der Chirurg,
am Mensch exzentrisch grob,
was seine Hülle schmücken soll,
und schaufelt sich die Taschen voll.

Ich verstehe dich

Die Einsicht und ein Wandel ist,
dass du bist, wie du bist,
und niemand anders dich so mag,
wie einzig ich, an diesem Tag.

Jenseits der Brille

Den Blick gerichtet
nach ganz vorn
und auf der Nase,
eine Brille aus Horn.
So mustert mich ein Augenpaar,
aus weiter Ferne unscheinbar.

Woher der Blick,
der mich so streift,
und seine Augenlider kneift -
den Ursprung findet
weiß ich nicht,
ich blicke tief ins Angesicht.

Die eigenen Schwächen

Die Lücken, die ein Mensch so hat,
die bügelt man nicht einfach platt.
Ein Jeder hat sein Fett zu tragen,
man muss es nur nicht so laut sagen.

Mit seinen Schwächen muss man leben,
drum sollte man sich selbst vergeben,
damit ein neuer Tag sich lohnt,
man seine eig'nen Nerven schont.

Masse Mensch

Der Mensch lebt nicht für sich allein,
er liebt, solang er lebt den Schein.
In Gruppen ist er ein Objekt,
dass wird vom Mitmenschen entdeckt.
„Mit uns", so sagt der Gruppenzwang,
„herrscht Friede, Freude, Wollgesang",
damit des Menschen Güterstand,
nicht uferlos nimmt Überhang".
Die Gruppe weißt auf ihren Führer,
er mixt die Worte mit dem Rührer
und haucht dem seiner Wortekeim,
Bedeutung ein: Zwecks Eigenheim!

Geschwafel - Redeschwall

Man redet sich die Lippen wund,
tut ohne Pause Worte kund,
dem Hörer wird es bald zu bunt,
was übrig bleibt – ein offener Mund.

Denn wer bewusst und unbedingt,
in andere Leute Kopf eindringt
und pausenlos nach Atem ringt,
weil er die schnellsten Silben bringt,
wird irgendwann sich selbst ersticken,
weil niemand mehr den Kopf tut nicken.

Genies

Man wählte eine Taste,
gar jene mit der Raste,
weil nicht in jedem Kopf,
das Universum passte.

Die Waffe ist ihr Wissen,
im Hirn sind sie gerissen,
ihr Werkzeug ist gefährlich,
man überschätzt sie, ehrlich.

Es könnte ihnen reichen,
das Dumme müssen weichen,
bei ihrem Intellekt,
das Subjekt wird erschreckt.

Auch wenn geniale Worte,
nicht stammen von der Sorte,
die man mit viel Respekt
entschlüsseln kann, perfekt.

Ein ungewollter Zeitgenosse

Ein ungewollter Zeitgenosse,
erklimmt so manche fremde Sprosse
und meldet seinen Anspruch an,
er wäre wohl der rechte Mann,
um dieses Amt, das ihm vorschwebt,
ganz einfach und mit Geist belebt
und keiner seiner Kontrahenten,
das Blatt mit Macht kann dann noch wenden.
So kann ein solcher Zeitgenosse,
ganz schnell selbst seine Führungsbosse,
um Wellenlänge überrunden
und sind die Hände wohl gebunden.

Feine Unterschiede

Man merkt den feinen Unterschied,
recht deutlich, so dass man es sieht,
die Stimme kennt den Herkunftsort,
ganz selbstverliebt in sich verbohrt.

Die Idole

Die Idole aller Länder
brauchen dutzendweise Spender,
um den Status zu erhalten,
stehen sie in Zeitungsspalten.
Mythos oder Prüderie,
nach der Wahrheit fragt man nie.

Wissen wir von ihrem Leben,
was die Zeitungen uns geben,
können über and're richten,
lesen Bilder und Geschichten,
aus den Ecken und den Kanten,
der Idole Weisheit backen.

Träumereien

Die Wirklichkeit ist oft zu öde,
man sitzt nur da und ist zu blöde,
nur einen Augenblick zu dösen,
im Traum die Seele zu erlösen.

Flugbetrachtungen

Das Flugzeug, das den Körper trägt,
an das gewünschte Ziel bewegt,
vom Heimatort ins fremde Land,
ist unser eins nicht unbekannt.

Denn über unserem Horizont,
da schwebt der Mensch an erster Front,
egal wohin die Reise geht,
der Mensch bleibt geistig, wo er steht.

Touristen

Im Ausland ist der Gast ein Gast,
und fällt den Menschen nicht zur Last,
doch ist nicht jeder stets gewillt,
zur Höflichkeit von Gott gedrillt.

Der Witz

Lachen oder Weinen?
Mensch, was kann ich reimen.
Mit Verstand und mit dem Herz,
mach' ich nun den nächsten Scherz.

Afrikanische Töne

Wenn Grillen Melodien singen
und irgendwo von nah und fern,
tief aus dem Busch Gedanken dringen,
so kann sich niemand davor wehr'n.

Die Farben voller grüner Töne
und ringsumher Insekten zieh'n,
ein Duft, an dem ich mich gewöhne,
um allem Ballast zu entflieh'n.

Natur im Ursprung aller Dinge,
ist pur – im Jetzt und Hier,
bis ich die ganze Pracht bezwinge,
bin ich nicht mehr bei mir.

Doch steh ich hier solang es dauert,
in Mitten was mich so verwirrt,
was hinter manchen Bäumen lauert,
in meinem Kopf rum schwirrt.

Sonne

Die Sonne ist ein Paradies,
und weil sie heiß ist, ist sie fies,
trotzdem genieße ich die Strahlen,
sie kann mich gerne dunkel malen.

Regen

Der Regen ist ein Element,
mit Wasser, das ein jeder kennt,
und meistens und ganz unerwartet,
auf meinen Kopf herunterstartet.

Dein Werk

Dein Werk ist Blüte und auch Zelle,
wenn ich ein Urteil fälle.
Du stichst mir zarte Wunden,
vertreibst mir meine Stunden,
mit schönsten Kreationen,
die geistig in mir wohnen
und zeigst mir neue Welten,
ich will's dir gern vergelten.

Frühling

Du spürst, dass neues Leben blüht,
und Lebensfreude wiederkehrt,
dass langsam die Natur erwacht,
in einer neuen Farbenpracht.

Sommer

Im Sommer kommt das Sonnenglück
für uns auf Erden oft zurück,
die warmen Strahlen der Natur,
sie helfen unser' Seelenkur.

Herbst

Die Blätter fallen auf die Erde,
das Wetter, es wird langsam herbe,
der Wind, er mag das Laub so sehr,
und Regen bringt der Herbst noch mehr.

Winter

Die kalte Wende lässt uns frieren,
die Sonnenstrahlen, sie verlieren,
der Winter bringt uns Regen, Schnee,
das tut der Seele manchmal weh.

Erst Erkundungen

In einer fremden Stadt
sucht man nach Straßenzügen,
den Namen hat man nie gehört,
der Stadtplan kann nicht lügen.

Mit Schildern ist sie gut bestückt,
denn Namen gibt es viele,
doch weisen sie, das ist verrückt,
nicht immer auf die Ziele.

Man fragt sich durch und wird geschickt,
in eine neue Richtung,
die Kreuzung ist doch sehr verstrickt,
bedarf erneuter Sichtung.

Nach einer langen Schererei,
wird man dann endlich fündig,
und findet den gesuchten Ort,
ist jetzt erst wieder mündig.

Mobile Einheiten

Es ist nur eine Büchse,
die Fahrer sind die Füchse,
der Beute auf der Fährte
mit asphaltierter Härte,
erreichen sie ihr Ziel
das Lenkrad kennt kein Spiel.

Durch Straßenschluchten suchend,
akustisch dann noch fluchend,
errichten sie Blockaden,
verlier'n den roten Faden
und plätten fremdes Blech,
danach sind sie noch frech.

Fahrrad

Es sind doch nur zwei Reifen,
zum Lernen und Begreifen,
zwei Felgen und zwei Räder,
das Fahren kann doch jeder.

Die Freude an dem Rad,
ist toll, bis es wird platt,
denn kommt dann nur ein Splitter,
ins Rad, dann wird es bitter.

Positiv

Ein Mensch mit positiver Kraft,
hat meistens auch die Eigenschaft,
selbst Dinge, die wir schlecht benennen,
als solche gar nicht zu erkennen.

Kindheitsträume

Ich wollt' -
ich wär' noch einmal jung
und könnte frei entscheiden,
mein Herz wär' rein,
mein Geist wär' dumm,
ich könnte treu mir bleiben.
Es wäre mir ein leichtes dann,
als kleiner Mensch zu leben
und mein Gefühl nach außen hin,
mit Freude abzugeben.
Doch irgendwann wird jeder groß
und wächst aus seiner Kindheit,
und bleiben Träume auch zurück,
so schön war unsere Blindheit.

Wie am Schnürchen

Es klappt alles am Schnürchen,
am Schnürchen klappt es gut,
und klappt es nicht mehr weiter,
ergreift mich gleich die Wut.

Probleme, die dann kommen,
Probleme sind fatal,
denn sind da noch Probleme,
wird es mir schnell zu Qual.

Drum möchte ich vergessen,
vergessen ist nicht leicht,
und habe ich vergessen,
das Pech dann von mir weicht.

Ich weiß, die Menschen wissen,
sie wissen, was es heißt,
wenn mir mit meinem Wissen,
das Unglück mich umkreist.

Dann klappt's wieder am Schnürchen,
was vorher auch gewesen,
drum sitz' ich hier am Schreiben,
nun hast du es gelesen.

Altemenschenpfleger

Du bist die Schwester oder Pfleger
für alte Menschen, sie sind träger,
in uns'rem Heim die gute Seele,
und hilfst, dass ihnen ja nichts fehle.

Egal bei Tag oder bei Nacht,
was immer auch die Arbeit macht,
den Alten bist du unentbehrlich,
sie Leben ohne dich gefährlich.

Drum bist du überall bei allen,
und schützt sie vor den Stolperfallen,
nimmst sie beiseite in der Not,
und tröstet sie mit Butterbrot.

Der Postbote

Ob Schnee, ob Regen oder Frost,
der Bote von der Post,
er kommt zu mir mit guter Laune,
dass täglich ich nur staune.

Tauschobjekt

Der Sammler, der sein Auge richtet
auf ein Objekt, es pausenlos belichtet,
bestaunt, entzückt die Kostbarkeit,
erkennt den Wert, stellt Geld bereit.

Das Wunschbild, dass den Kenner rührt,
ist unscheinbar, trotzdem es ihm verführt,
und hat auf ganz charmante Art,
den Glanz als wär's ein Unikat.

Der Sammler, der sein Stück nun hat,
ist glücklich, aber noch nicht satt,
er weiß, wer sucht der findet Neues,
drum sucht er weiter, scheinbar teures.

Müll

Man sammelt alten Müll,
mit Leidenschaft auch Prüll,
denn wo die Tonnen steh'n,
vermeidet man zu geh'n.

Man ist gewiss nicht kleinlich
und manches mal auch reinlich,
denn Abfall, der ist peinlich,
drum sammelt man ihn heimlich.

Marketing

Was schön ist, ist begehrt,
paar Scheine ist es Wert,
denn wer mit Werbung fährt,
sein' Kontostand vermehrt.

Sie suchen nach Modellen
und formen neue Wellen,
denn Märkten sind zu stillen,
dem Käufer seinen Willen.

Der Wohlstand ist erreicht,
wenn mancher Schein entweicht,
der sinnlos wird verprasst,
dann plagt uns keine Last.

Und wenn zum Überfluss,
man einfach kaufen muss,
dann hat man es geschafft,
die Waren sind gerafft.

Monopol

Die Kraft alleinig da zu sein,
und das mit Macht in seinem Heim,
beim Monopol ist raffiniert,
für sich als solches reklamiert,
damit kein Konkurrent sich findet,
der sich an diese Macht anbindet.
So ist der Trick schon recht gemein,
man lässt drum keinen and'ren rein.

Denn ohne sonstige Optionen,
da lebt das Monopol in Zonen,
die es für sich zum Vorteil nutzt,
den Wettbewerb vorab schon stutzt
und sein Werte, Preisgebote,
den Nutzern schickt als feste Note,
die ohne Gegenwehr beginnt,
für sich so starr gewinnt.

Die Tänzer

Bei jenem Sound tut man erschrecken,
die Hüften und das Becken recken,
die Füße auf und ab bewegen,
denn Alltagsstress beiseite legen.

Nach logisch-rhythmischer Gestalt,
die Melodie im Kopfe hallt,
denn unser Körper schwingt im Takt,
das Tempo, dass uns einfach packt.

Man tanzt die schönsten aller Schritte,
so ist es unter Tänzern Sitte,
das faule Sitzfleisch ist verpönt,
denn nach dem Tanz wird man verwöhnt.

Pulsschlag

Ich lausche nur dem Pulsschlag,
der leise in mir bebt,
und höre ich ein Rauschen,
sich Freude in mir hebt.

Ich halte gerne inne,
und mag's auch traurig sein,
es ist doch nur die Stille,
sie hält mein Herzen rein.

Blutlehre

Im Keim erstickt,
das Blut verdickt,
das Wort soll lauten,
bitte outen.
Gib meiner Seele Sicht,
damit mein Schweigen bricht.

Schau tief – die Blutkanäle,
ich sehe und ich wähle,
mein Herz pumpt literweise,
Gefühle auf der Reise,
und weiß ich nicht wofür,
so schließt sich meine Tür
und hält mich damit fest,
die Wahrheit ist der Rest.

Die Philosophie der Schmerzen

Die Wunde, mit welcher der Schmerz uns bedeckt,
und drückend die Qual, die uns wieder weckt.
Wo nimmer ein Schimmer voll Hoffnung empor,
und steigt wo sich zeigt, dass ein Bildnis einfror.
Ein Hauch, der gewandt, und man hob seine Hand,
mit Pfeilen, die sich in uns bohrten, den man konnte sie orten.
Egal welche Sorte vom tiefschwarzem Gift,
denn es traf seine Wahl, sprich es konnte mich mal.

Notizen

Man schreibt sich auf Notizen,
tut sie im Block einritzen,
und bleibt ganz locker sitzen,
wenn die Gedanken blitzen.

Beim Schreiben dieser Zeilen,
darf man nicht lang verweilen,
muss schleunigst sich beeilen,
die Zeit sich einzuteilen.

Das was man hat geschrieben,
schützt man vor fremden Dieben,
denn eines ist gewiss,
das Wort kennt jeden Riss.

Zeitgeist

Es wechseln die Zeiten
sie kommen und gehen,
doch zwischen den Seiten
bleibt oft etwas stehen.
Vergessene Tage und schöne Momente,
sie sind ohne Frage der Reiz unser' Rente.

Jahreswende

Das Jahr es endet, wie es kam,
was soll man ihm nachsagen,
als das, vielmehr es schließlich nur
gefolgt von einem Neuen war.
Im Rückblick scheint Vergangenes
in unserem Kopf zu kleben,
doch Wirklichkeit verschmilzt im Nu,
zu einem neuen Leben.

Jedes Jahr

Geburtstag hast du jedes Jahr,
geboren wurd's du nur einmal,
und weil die Zeit nicht stehen bleibt,
so feierst du es Jahr für Jahr.

Heut' bis du Jung
und freust dich deines Lebens,
doch komm einmal in unser Alter,
dann wirst du seh'n, dass ist nicht heiter.

Merkwürdige Freudschaften

Es gehen zwei Frauen,
die Eine ist starr,
ihr Antlitz ist düster,
ihr Blick ist ganz klar.
Die andere sie lächelt
ganz still vor sich hin
und würd' ich's nicht sehen,
ganz schmal ist ihr Kinn.

Es ist wohl die Freundschaft,
die beide verbindet,
ansonsten nichts weiter,
was optisch sich findet.

Ein Rendezvous

Ich sitze hier und wart' auf dich
voll Ungeduld und Leidenschaft,
ich wünsche mir, du wärst schon hier – bei mir.

Nichts ist wie die Liebe

Die Liebe kommt vom Herzen,
sie kommt nicht ohne Grund,
und malt mit ihren Farben,
auch ohne Worte bunt.
Denn Nichts ist wie die Liebe,
und scheint sie sonderbar,
man kann sie nicht vergleichen,
sie leuchtet hell und klar.

Mentale Entfernung

Ich lerne aus der Ferne,
ich hab' dich furchtbar gerne,
du strahlst in mitten Sonnenlicht,
bis jeder Zweifel bricht.

Und hätt' ich dich zum Greifen nah,
dann wäre meine Liebe klar,
es kann auf die Entfernung hin,
nur haben einen Sinn.

Der Liebesgruß im Brief

Der Liebsten sendet man ein' Gruß,
man schreibt es auch,
welch Antlitz einem fehlen muss.
Das ihre ist ihm unvergleichlich
und wird von keiner ander'n sein erreichlich.

Er schreibt dafür:
„Der Liebe wird man oft getrennt,
man reißt den Liebenden am Hemd,
das tut denn beiden meist nicht gut,
manch' Ungeduld ist hieran schuld.
Drum sei nicht traurig, hab nur Mut
und sammle, was dir fehlen tut,
gedanklich sind wir ungetrennt,
der Leidenschaft, die uns brennt."

Treue

Die Treue ist ein schweres Blatt,
und wer es trägt, ist meistens platt,
gemeinsam ist es halb so schwer,
man trägt es jedoch ohne die Gewähr,
dass man den Liebling bei behält,
den man zu Ehren auserwählt.

Angst und Liebe

Du bist die Angst und die Liebe,
und die Liebe und die Angst gemeinsam,
der ich unterliege.
Und wenn ich dich nicht kriege,
werde ich ganz verrückt.
Denn es gibt jene Triebe,
dessen Geist mir nur bliebe,
wenn ich dich niemals hätt'.

Fand ich mich in dir wieder,
streckte aus meine Glieder,
war behutsam und sanft,
denn ich lauschte den Liedern,
die im Traum kam'n hernieder
auf mich fielen herab.

Voll von Hoffnung, Gedanken,
die im Kopf sind wie Schranken,
zog ich mich wohl zurück.
Denn mein Mut der tat wanken,
und in meinen Gedanken
gab es jetzt kein zurück.

Denn Momente sind Zeiten,
die nicht ewig begleiten
wenn das Herz sich nicht regt,
was kann ich dir bereiten,
dass mein Inhalt der Seiten,
sich die Angst in dir legt.

Die Objektive Seite einer Frau

Was immer auch zu sagen ist,
die Frau, sie kennt wohl jede List
und schenkt dem Mann den Aberglauben,
ihm seiner Sinne zu berauben.

Jedoch weiß sie es ganz genau,
ihr Körper ist die Modenschau,
und lockt den Mann mit dem Begehren,
ihm treu zu sein auch zu Ehren.

Was immer mal sie wissen will,
mit sanften Worten oder Drill,
erfährt sie von der Männerzunft,
mit Liebe und mit Unterkunft.

Liebe fordert Opfer

Ein Leben lang hab ich gesagt,
ich könnte nichts beweisen,
ob wirklich ich ein Herz auch trag',
auf allen meinen Reisen?
Doch sicherlich, dass weiß ich jetzt,
und ist mein Herz auch karg,
das Liebe wirklich in mir ist,
sie macht mich wirklich stark.

Beständigkeit

Es steht in deinen Augen drin,
du gehst mir nicht mehr aus dem Sinn,
dein Blick versucht mir dies zu sagen,
ich brauch kein fremdes Wild mehr jagen.

Mein Heim ist dort, wo du dich setzt,
was immer mich auch mal verletzt,
du lässt es nicht im Bösen enden,
vom Kopf hinab bis zu den Lenden.

Mein Wunderpunkt

Du bist mein Wunderpunkt,
ich seh' dich und es funkt.
Dein Strahlen im Gesicht,
geheimnisvolles Licht,
verzaubert meine Sinne,
ich glaube, fast ich spinne.

Süchtige Sucht

Es fasst ein anderer Mann dich an,
mit Leidenschaft, was ich nicht kann,
erfüllt vor lauter Tatendrang,
erfasst mich daraufhin der Zwang,
dass ich dem Täter mit Gebrüll,
mit meiner Faust, sein Mundwerk füll'.

Das ist gewiss nicht vornehm still,
doch weiß ich, er trägt eine Brill',
die ich mit einem schnellen Schlag,
gar wunderbar zerstören mag.

Denn obendrein bin ich erbost
und suche bei dir nachher Trost,
was bleibt ist dabei meine Wut,
denn Eifersucht tut keinem Gut.

Wege

Immer wenn sich Wege trennen,
Menschen sich nicht wirklich kennen,
sind die Worte ohne Gleichen,
schnell ganz böse Lebenszeichen.

Die Kälte unserer Herzen

Du gehst mit mir
auf Schritt und Tritt
entlang an jedem Steg
und kreuzten wir auch
so manchen Weg -
ich kann es nicht fassen
was sich in dir regt.

Es heißt, dass die Liebe
den Menschen bewegt,
ihm Kraft schenkt zu Leben,
die Sorgen beiseite legt,
doch vielleicht haben wir
uns zu viel versprochen -
von unserem Leben,
den gemeinsamen Wochen.

Was in uns drin steckt
bleibt dort, ist verborgen,
fern ab von der Seele,
den Tränen von Morgen
und standen die Weichen
nicht gerade verkehrt,
verkannte man jene Zeichen.

Es gab auch Momente,
da lachte die Sonne,
dann waren wir Eins,
ein Teil dieser Wonne,
doch folgte darauf
ein mieseres Wetter -
gab es keinen Trost
und auch keinen Retter.

Was bleibt ist nicht viel,
du gehst stumm und leise,
ein Herzblatt im Spiel
folgt auf deiner Reise,
die Gedanken zerrinnen,
es folgt jene Reife,
von Außen und Innen -
du schweigst ohne Zweifel

Geduld

Man braucht im Leben viel Geduld,
wer sie nicht hat, ist selber Schuld,
weil wer nicht warten kann darauf,
der ändert niemals den Verlauf.

Wertvolle Erinnerungen

Du warst das Glück, dass ich gesucht,
in manchen schönen Stunden,
wer weiß, was wäre wohl gescheh'n,
wenn ich's nicht hätt' gefunden.
Du weichst von mir es ist vorbei,
ich bin jetzt ungebunden,
und sehne mich nach dir zurück,
mein Leben ist verschwunden.

Hochzeit

Wir schließen hier die Einigkeit,
fortan solang die Zeit uns bleibt,
und wünschen uns die Ewigkeit
gemeinsam zu bestehen.

Und wenn auch trennen wir uns sollten,
darf nichts weiteres bedeuten,
den Bund, den wir uns heute schenken,
vollmag nur Unheil zu beenden.

Lebenswerk

Wenn man bedenkt, was man geleistet,
und schaut auf's Lebenswerk zurück,
so manche Wirren man bereistet,
und hat dabei sein Augenmerk.
Stellt sich heraus was man auch lernte,
und für sich selber gut vollbracht,
doch ist nicht immer unsere Ernte
am Lebensende eine Pracht.

So ist das Lebenswerk durchwachsen,
dass wir für uns im Werte sehen,
egal wie gut wir war'n auf Achse,
nun lassen wir es einfach stehen.
Zieh'n uns zurück und es betrachten,
weil es zu ändern wär's zu spät,
für manche Tat wir uns verachten,
doch die Erinnerung vergeht.

Überfluss

Viel zu viel von allen Dingen
können uns zum Nichts tun zwingen,
wenn wir Überfluss erlangen,
sind in Trägheit wir gefangen.

Reduzierung und Verzicht,
hält den Menschen daher dicht,
alles immer zu bekommen,
hat uns Freiheit weg genommen.

Daher gilt der alte Satz:
Schaffe dir bei Zeiten Platz
und du wirfst mit voller Wonne,
was zu viel war - in die Tonne.

Alles

Wenn du alles hast auf Erden,
was sollst du dann noch begehren?
Oder wird es sogar sein,
dass du da stehst – ganz allein.

Der Tod

Wir fragen uns warum?
Doch jede Antwort scheint uns dumm.

Denn alle Fragen nach dem Ende,
erweisen sich als Lebensblende.

Du kannst den Tod nicht vorher kennen,
bevor sie dich als Opfer nennen.

Totenehrung

Auch die letzte Totenehrung
braucht am Ende eine Klärung,
nur mit stillen Grundgedanken,
können wir ihn' besser danken.

So ist die Verbundenheit
unser letztes Grundgeleit,
bis im Grab sie sind verschwunden,
können Mitleid wir bekunden.

Hast du Angst?

Hast du Angst was nach dir kommt,
wenn du bist gegangen?
Dann bist du allein mit dir,
dann bist du vergangen.
Wo auch immer du hingehst,
du dein Herz hinlegst,
tief in dir die Trauer trägst,
uns in Tränen wägst.

Selbstfindung

Es kommt der Tag,
dass man sie stellt,
die Fragen aller Fragen
und hofft, dass die Erfüllung sie,
mit Liebe selbst kann tragen.

Warum bin ich auf dieser Welt
und hat es einen Wert,
das mir sich diese Frage stellt,
vielleicht ist sie verkehrt.

Endgültige Entscheidung

Im Leben bin ich oft verglüht,
mein Geist war treu und unberührt,
bis heute jene Wandlung sichtbar,
mein Ende steht im Anfang Licht nah.

So weiß ich, dass ich recht es deutet,
mein Morgen, es wächst nur im Heute
und könnte ich von neuem Starten,
die Welt, sie müsste auf mich warten.

Alles was mit widerfährt

Alles was mir widerfährt,
richtig oder auch verkehrt,
lohnt sich lyrisch aufzuschreiben,
so wird's immer für mich bleiben.

Drum da übe ich Kritik,
dass ist meistens gar nicht chic,
aber nur so wird's verständlich,
für die meisten Leser kenntlich.

Schafe und Wölfe

Wohl dem der unterscheiden kann,
wenn er trifft einen Wolf vom Stamm,
der ihn so gerne fressen mag,
auf seine ganz besondere Art.

Denn Schafe sind vom guten Glauben,
drum kann man leicht ihr Leben rauben,
weil Wölfe sich als Schafe tarnen,
man muss sie drum vor diesen warnen.

Haifischbecken

Das Leben gleicht dem Haifischbecken,
man kann sich darin schlecht verstecken,
mit Haien, die uns sind gefährlich,
dass ganze bleibt oft unerklärlich.

Kalter Nachtwind

Es zieht durch die Stuben und durch die Decken,
der Nachtwind ist sich am Recken,
so frisch und so kühl liegt er auf der Haut,
fast wie eine eigene Braut.

Die Luft ist erfühlt von nächtlicher Stille,
es ist nur vom Nachtwind sein Wille,
dass pur seine Wirbel sich in uns entfalten,
die Ohren sein Rauschen erhalten.

So sind unsere Sinne noch mehr angeregt,
egal wer sich hat hingelegt,
weil auch für Momente, da werden wir wachen
und suchen nach vielen Ursachen.

Doch weil uns das Dunkel so einsam erscheint,
der Nachtwind es gut mit uns meint,
so ist unser Bangen, dass wir auch anfangen,
bis morgens schon meistens vergangen.

Kostbarkeiten

Das Augenmerk von manchem Wesen,
erkennt den Wert des Kleinen nicht,
so ist es oftmals schon gewesen,
selbst Kostbarkeiten wirken schlicht.

Doch das, was immer uns begegnet,
vermittelt nicht den holden Glanz,
doch weil der Schöpfer alles segnet,
so stimmt das einfach nicht so ganz.

Wohl dem, der Achtsam geht und schreitet,
sich freut und schätzt das Lebensgut
und dabei seine Augen weitet,
der siehst die Kostbarkeitenflut.

Und nimmt nicht alles hin als nichtig
den Glanz der Dinge, seinen Kern,
und sieht den Wert so erst vielschichtig,
und schaut nicht immer in die Fern'.

Die Ausnahme der Regel

Der Regelsatz wird abgestellt,
so das die Regel einfach fällt
doch hat die Regel Fortbestand,
sie wurde nur für dich ernannt.

Denn der, der Regeln hat geplant,
der hat bereits davor gewarnt,
dass er ja selber ausgenommen,
von Regeln auf die Welt gekommen.

Das Ganze scheint sehr paradox,
doch Regeln stehen in großen Blocks,
nicht jeder ist bei Regeln gleich,
für manche sind die Regeln weich.

Blaupause

Grundideen ohne Grund
sind bekanntlich doch nur Schund,
trotzdem werden sie verwendet,
als Blaupause doch vollendet.
Doch das schlimmste ist daran,
dass dies Stolz wohl jeder kann,
drum wer selber kann entwerfen,
geht uns so nicht auf die Nerven

Böse Gedanken

Kommt mir nur ein Bild,
dass den Gedanken in mir stillt,
böse in den Kopf hinein,
wird mein Denken ganz gemein.

Das, was ich mir dann ausmale,
ich mit meiner Bosheit zahle,
weil es mich so überkommt,
an mei'm Geisteshorizont.

Die Gedanken sind zwar frei,
aber Böses auch dabei,
weil als Mensch ich alles denke
und damit mein Schicksal lenke.

Gnade

Gnade ist - und das ist gerade,
nicht erhalten – leider schade,
denn die Hoffnung stirbt zum Schluss,
weil der Mensch was glauben muss.

Mit Lieben tun

Tu' mit Liebe, was du tust,
lass es sein, wenn du nicht ruhst,
denn die Pole sind gestimmt,
nur auf Liebe gut getrimmt.

Wenn dein Herz ist zu belastet,
durch viel Stress zu angetastet,
lasse los und werde frei,
in der Not sag' dann Goodbye.

Denn es bringt nichts, festzuhalten,
was da ist, nur zu verwalten,
du wirst lernen auch Verlust,
erst dann kommt die Lebenslust.

Umkehr

Die falsche Richtung einfach drehen,
wie schön, wenn das könnt' immer gehen,
denn drehen wir um und das mit Hasst,
dann nichts mehr geht, weil nichts mehr passt.

Sünde

Dein Seelenheil ist nur das Deine,
und leider hast du nur das Eine,
so dass die Sünde dich begehrt,
drum gib' gut acht, leb' nicht verkehrt.

Denn weil Versuchung dich umkreist,
die dunkle Macht, sie ist es meist,
kann jede Falle dich verderben
und du das Übel so vererben.

Doch wenn der Kampf um deine Seele,
noch immer tobt, gib' ihr Befehle,
dann bleibst du selber guter Macht,
lebst so bewusst und mit Bedacht.

Zorn

Er wächst in uns als kleines Korn,
ein jeder kennt ihn nur als Zorn,
wenn er ausbricht, dann wird er laut,
weil er sich unheilvoll aufbaut.

Ein Funken reicht und es passiert,
dass man Kontrolle so verliert,
weil das Gefühl uns ganz mitreist,
was böse Worte meistens heißt.

Inspiration

Ich sitze hier und warte drauf,
dass die Ideen komm'n zu hauf,
doch leider die Gedankentipps
komm' heute nicht in meinen Grips.

Denn alle Suche nach dem Wo?
Sie enden mit dem Griff ins Klo.
Der Einfall bleibt so unbekannt,
drum' bleib' ich heute unentspannt.

Die Quellen, die ich zieh' zu rate,
sie stehen heute auch nicht Pate,
dass Glück erleuchtet mich so nicht,
denn wär's ja einfach, wär's zu schlicht.

Ruhe

Die Ruhe ist ein wahrer Kult,
sie duldet niemals Lärm, Tumult,
so ist sie heilsam für's Gemüt,
weil man nur so Einspannung spürt.

Premiere

Dem Publikum zur Ehre
spielt man ein Stück Premiere
und hoffnungsvoller Dinge,
erwartet man es bringe,
dem Künstler Anerkennung,
bei seiner Namensnennung.

Nach dem das Stück dann endet,
das Licht wird abgeblendet,
hört man dann den Applaus,
im ausverkauften Haus
und zieht für sich Bilanz,
aus dieser Resonanz.

Beenden

Ich sehe keinen Sinn darin,
viel Worte zu verschwenden,
im Guten will ich enden.

MACHWERK

Inhaltsverzeichnis

Vorwort....2
Meine Gedichte....3
Philosophia Glück....4
Machwerk....4
Anbeginn....5
Menschenplanet....5
Das Gebet....6
Jesus wird geboren....6
Das Einerlei des Miteinanders....7
Dumm – Dumm....8
Dumme Schwätzer....8
Lästermaul....9
Lügenfreiheit....9
Fleischverzicht....10
Verwandte Besucher....10
Frühstück....11
Mittagessen....11
Abendbrot....12
Pasta....12
Die typische Sitzung....13
Trinkspruch....13
Globale Worte....14
Müll....14
Finanzgebaren....15
Die einfachen Dinge des Lebens....15
Liquidität....16
Guthaben....17
Geiz-Reich....17
Erhabenes Haben....18
Das Gesicht....18
Die passende Stellung....19

Das Arbeiten....19
Chefsache....20
Im Herzen sind wir alle gleich....20-21
Klassenunterschiede....22
Sein, der Wahn des Wählers....23
Bunker....23
Das Volk von Lehren....24
Die Unschuld in Weiß....24
Medienstreit....25
Fernsehaugen....25
Totale Information....26
Symbole....26
Der Literat und sein Leser....27
Die Lieder....27
Die Quelle eines Buches....28
Veränderungen....29
Alles Glück....29
Rauch....30
Schandtaten....30
Die Basis unser Eitelkeit....31
Ich verstehe dich....31
Jenseits der Brille....32
Die eignen Schwächen....32
Masse Mensch....33
Geschwafel – Redeschwall....33
Genies....34
Ein ungewollter Zeitgenosse....35
Feine Unterschiede....35
Die Idole....36
Träumereien....36
Flugbetrachtungen....37
Touristen....37
Der Witz....37
Afrikanische Töne....38
Sonne....39
Regen....39

Dein Werk....39
Frühling....40
Sommer....40
Herbst....40
Erst Erkundungen....41
Mobile Einheiten....42
Fahrrad....42
Positiv....43
Kindheitsträume....43
Wie am Schnürchen44
Altmenschenpfleger....45
Der Postbote....45
Tauschobjekt....46
Müll....46
Marketing....47
Monopol....48
Die Tänzer....49
Pulsschlag....49
Blutlehre....50
Die Philosophie der Schmerzen....50
Notizen....51
Zeitgeist....51
Jahreswende....52
Jedes Jahr....52
Merkwürdige Fremdschaften....53
Ein Rendezvous....53
Nichts ist wie die Liebe....54
Mentale Entfernung....54
Der Liebesgruß im Brief....55
Treue....55
Angst und Liebe....56
Die Objektive Seite einer Frau....57
Liebe fordert Opfer....57
Beständigkeit....58
Mein Wunderpunkt....58
Süchtige Sucht....59

Wege....59
Die Kälte unserer Herzen....60-61
Geduld....61
Wertvolle Erinnerungen....62
Hochzeit....62
Lebenswerk....63
Überfluss....64
Alles....64
Der Tod....65
Totenehrung....65
Hast du Angst?....66
Selbstfindung....66
Endgültige Entscheidung....67
Alles was mit widerfährt....67
Schafe und Wölfe....68
Haifischbecken....68
Kalter Nachtwind....69
Kostbarkeiten....70
Die Ausnahme der Regel....71
Blaupause....71
Böse Gedanken....72
Gnade....72
Mit Lieben tun....73
Umkehr....73
Sünde....74
Zorn....74
Inspiration....75
Ruhe....75
Premiere....76
Beenden....76

Weitere lyrische Bände von Stefan Reich

„Das Evangelium vom Reich -
Sprache der Schöpfung (2019)
„GEHEIMWERKE" (2019)
„Einen Fehler finden –
Neue Mensch-Gedichte" (2019)
„KINDERWERKE" (2019-20)
„Einen weiteren Fehler finden –
Neue Mensch-Gedichte" (2019-2020)
„WORTREFERENZEN" (1993-2020)
„SATZBAUWERKE" (2020)
„NACHSCHLAGWERK" (2020)
„WORTKRAFTWERKE" (2020)
„GEDICHTEWELTEN -
Die besten 330 Gedichte von Reich
+ 60 Neue Mensch-Gedichte" (2020)
„SEELENWERKE –
Gedichte über die Seele und Tod" (2021)
„KÖRPERWERKE" (2021)
„Heilige Werke" (2021)
„WELTENWERK" (2021)
„Die Weisheiten vom Reich" (2021)
„GEDICHTE-REICH" (2022)
„ZAUBERWERK" (2022)
„Bewusst Eins Werk" (2023)